LE

R. P. CÉLESTIN HUGUET,

JÉSUITE

DÉCÉDÉ A MONT-ROLAND

PRÈS DOLE-DU-JURA

LE 25 AOUT 1879

Conserver la couverture

BESANÇON

IMPRIMERIE ET LITHOGRAPHIE DE J. JACQUIN

Grande-Rue, 14, à la Vieille-Intendance

—

1879

LE

R. P. CÉLESTIN HUGUET

JÉSUITE

DÉCÉDÉ A MONT-ROLAND

PRÈS DOLE-DU-JURA

LE 25 AOUT 1879

BESANÇON

IMPRIMERIE ET LITHOGRAPHIE DE J. JACQUIN

Grande-Rue, 14, à la Vieille-Intendance

1879

La piété de nos chrétiennes populations de la Comté et du duché de Bourgogne, qui aiment tant à venir se mettre sous la protection de N.-D. de Mont-Roland, serait frustrée, croyons-nous, si après la mort de l'antique gardien du sanctuaire, le Père Célestin Huguet, il n'y avait un mot spécial à sa mémoire, au moins un aperçu général sur la vie de ce vénérable serviteur de Marie.

Tout en voulant donner une satisfaction quelconque à ce pieux désir que nous sentons être au fond des cœurs, nous ne présenterons pas néanmoins ici une notice proprement dite sur cette existence si bien remplie devant Dieu, mais du reste sans grand éclat devant les hommes. Si Marie daigne un jour attirer l'attention de ses dévots pèlerins sur son serviteur, en accordant plus volontiers par son entremise les faveurs que l'on vient solliciter de sa bonté maternelle, de nouveaux documents alors permettront peut-être d'entreprendre un travail plus complet; mais nous attendrons que le signal vienne d'en haut.

C'est au nom des petits Apostoliques du Sacré-Cœur que nous offrons ces lignes aux nombreux amis et enfants spirituels du P. Huguet. Avec quel sourire de bonheur ce vieillard incliné vers la tombe voyait ces jeunes enfants venir apprendre à connaître Marie à ses bienfaits, et lui demander, comme on demande à une mère, avec l'amour de Dieu, le zèle des âmes et toutes les vertus qui font les apôtres ! Du haut du ciel il leur sera plus favorable encore, nous l'espérons, et leur obtiendra le feu sacré qui l'embrasait lui-même.

LE R. P. CÉLESTIN HUGUET

JÉSUITE

DÉCÉDÉ A MONT-ROLAND, PRÈS DOLE-DU-JURA

LE 25 AOUT 1879

Tandis que la haine anticatholique et l'apostasie conjurées mettent tout en œuvre pour proscrire des religieux désarmés qui ne réclament que le droit de se dévouer, ou du moins pour leur interdire l'enseignement de la jeunesse, l'éternité, asile et patrie des âmes, vient de s'ouvrir pour un vétéran de cette milice. Sa longue carrière a répondu à l'histoire moderne de la compagnie de Jésus, nous voulons dire à toute sa durée depuis son rétablissement. Il en a connu toutes les épreuves. Il a participé à tous les ministères par lesquels cette Compagnie exerce son action : enseignement, prédication, missions, administration du sacrement de pénitence. Ce n'est pas que celui dont nous allons parler ait jamais fait beaucoup de bruit, mais le phylloxéra aussi n'est pas bruyant, il est envahissant, et le jésuite, on le sait, est un phylloxéra. Celui dont nous parlons eut plus d'un trait bien marqué de sa race; ce fut un de ces impatients de repos jusqu'à ses derniers jours, voulant toujours faire le bien opportunément, importunément : il se prit sérieusement pour un de ces envoyés d'une parabole évangélique, **ayant ordre d'appeler les âmes au festin des noces de la réconciliation**, et à qui il a été dit : *Faites entrer : Compelle intrare*. Il aima Marie, la vierge immaculée, d'un amour d'enfant jusqu'à l'extrême vieillesse ; il l'aima d'un amour chevaleresque, comme Ignace et ses premiers compagnons ; et pour lui ce fut sous ce titre tout spécialement chevaleresque de Notre-Dame du Mont-Roland. Il faut croire que Marie lui rendit cet amour, car elle lui réserva une mort si particulièrement douce, que le dernier soupir du vieillard ressembla au premier sourire de l'enfant à sa mère.

Aussi bien il doit y avoir, pour le premier réveil de l'âme innocente et pieuse envers Marie, quand cette âme entre dans son éternité, quelque chose de cet éveil de l'intelligence et du sentiment de l'enfant sous le regard maternel.

Incipe... risu cognoscere matrem...

Célestin Huguet était né à Rantechaux, canton de Vercel, département du Doubs, le 7 novembre 1798.

Il fut d'une famille modeste, mais chrétienne et

vraiment patriarcale, où l'on abritait les prêtres pendant la tourmente révolutionnaire. Ce fut un de ces prêtres, confesseur de la foi, qui, par reconnaissance, enseigna les premiers éléments du latin au jeune Célestin. Bientôt le jeune enfant put aller suivre le cours régulier de ses études classiques, jusqu'en philosophie, au petit séminaire d'Ornans. Il y était encore lorsqu'il vit sa patrie envahie par l'étranger, au terme final des victoires de l'empire. Ce furent des souvenirs réveillés plus tard chez lui avec bien d'autres douleurs, lorsqu'un demi-siècle après, en 1871, il vit à Mont-Roland et à Dôle, double honte successive, Garibaldi, puis les Prussiens !

La piété de Célestin avait, dès ses plus jeunes ans, fait présager sa vocation au sacerdoce. Une tradition de foi et de piété antique, très vivante dans son pays natal, fut l'occasion d'un second appel de la grâce. La catholique Espagne a laissé de sa domination dans la *Comté de Bourgogne* le souvenir des luttes héroïques que soutinrent pour elle des populations dont le patriotisme devenu français n'a fait que changer d'objet, ayant toujours le même principe : la religion. Plus d'un héritage de piété entretient encore ce sentiment dans ces contrées. Tel est le culte de saint François-Xavier ; la neuvaine du saint apôtre de l'Orient est encore en possession d'attirer dans plusieurs localités la foule, et les hommes mêmes, autour de la chaire et du confessionnal. Ce fut en participant à ces saints exercices que Célestin conçut le dessein de devenir religieux et missionnaire : ses pieux parents avaient comme pressenti l'étendue d'une vocation qui allait leur demander un complet sacrifice ; ils n'élevèrent point d'opposition. Toutefois l'appelé de Dieu, sage autant que généreux, voulut prier et examiner encore. Il fit une autre neuvaine, celle-là à saint Louis de Gonzague, puis il rencontra, en 1818, un homme de Dieu qui fut l'organe terrestre des voix qui descendaient du ciel. Le R. P. Varin, ayant reçu ses confidences, conclut par ces mots : *Partez pour le noviciat.* Célestin partit aussitôt.

Ce fut à Montrouge qu'il alla faire ses expériments, sous la forte et austère direction du R. P Gury, son compatriote. Ce n'était pas le théologien moraliste à qui les Paul Bert et les Jules Ferry viennent de découvrir une morale si relâchée.

Risum teneatis, amici !....

Mais c'était l'oncle ; le laxisme, au moins pratique, ne paraît pas avoir été un défaut de famille chez tous les Gury. Le P. Huguet et d'autres comme lui n'ont certes pas gardé ce souvenir du maître des novices de Montrouge. *C'était sérieux*, disait plus tard le P. Huguet, et il s'en applaudissait. Nous en vîmes les heureux effets lorsqu'un demi-siècle après nous admirions en lui le strict observateur de sa règle. Il nous rappelait alors ces vieux du régiment capables de mourir au port d'armes, comme il lui est arrivé. — « Entre tous les souvenirs édifiants que vous ont laissés les vertus du P. Huguet, quel est celui qui domine les autres? » demandait-on, quelques jours après sa mort, au compagnon habituel de son existence sur le Mont-Roland. « Oh! il était à sa règle, » répondit-il. — Le bon frère exprimait l'impression commune : dès les premiers jours de sa vie religieuse, la règle lui fut sacrée ; c'était la ligne du devoir, ce fut sa consigne, il n'y manqua pas.

Du noviciat, devenu par ses premiers vœux le fils de saint Ignace, le frère Huguet passa dans les collèges, où il exerça le plus souvent la surveillance. Jusqu'en 1828 ce fut en France ; à la suite des funestes ordonnances par lesquelles la Restauration se fit, pour sa propre perte, l'exécutrice des œuvres de la révolution, Célestin alla continuer à l'étranger ses obscures et méritoires fonctions. Il s'y dévouait et s'y laissait oublier, et cela jusqu'à l'âge de quarante ans, lorsqu'une circonstance vint le révéler apte à d'autres fonctions, non pas plus saintes, mais se rapportant plus immédiatement au salut des âmes. C'était en 1838, dans un collège de Savoie. Un sermon de fête patronale avait été promis; mais l'orateur désigné fit défaut pour une cause quelconque. On prit par la main l'homme obéissant, on le fit monter en chaire, et son sermon, victoire de l'obéissance, fut un petit triomphe oratoire. Un confrère, déjà lui-même en réputation méritée d'éloquence sacrée, alla le dire à Rome, c'est-à-dire qu'il en écrivit au général de la Compagnie. Celui-ci donna ordre d'appliquer désormais le prédicateur ainsi improvisé au ministère de la sainte parole et aux missions. Ce prédicateur, on l'a compris, était le P. Huguet. Il fut dirigé sur une maison de France, celle de Vals, près le Puy. Là, il trouva les encouragements d'un supérieur bienveillant, homme de grand sens et de beaucoup de cœur, le R. P. Louis Valentin. Peu de jours avant sa mort le P. Huguet disait de lui : « *Je lui dois tout le bien que j'ai fait pendant les douze années qui s'écoulèrent entre 1838 et 1850 ; et alors j'en ai fait beaucoup ; non pas moi*, ajoutait-il aussitôt, *mais la grâce de Dieu par moi : gratia Dei mecum.*

Nous avons dit que le P. Huguet avait quarante ans lorsqu'il entra dans cette nouvelle carrière. Il ne devait plus, pour ainsi dire, cesser de prêcher jusqu'à la veille de sa mort.

Sans doute sa manière ne fut pas, durant tout ce temps, absolument la même ; il ne faudrait pas juger de ses belles années par les années de son déclin ; mais cette manière fut toujours celle des hommes apostoliques, possédés du zèle des âmes, ayant à un degré non moindre le respect et le souci diligent d'un si saint ministère. Les dernières années de sa vie, le P. Huguet, devenu le gardien ou custode du pèlerinage de Mont-Roland, se tenait fort assidûment aux heures utiles près de son confessionnal, dans une chapelle de Saint-Joseph, où l'œil le cherche et croit le rencontrer encore. Voyait-il apparaître une pénitente, mais surtout un pénitent, prompt à l'appât, en vrai chasseur ou pêcheur d'âmes, il n'attendait pas la proie, et quand elle hésitait encore, il l'avait déjà précédée au confessionnal. Que si l'église paraissait un peu devoir se remplir, s'il se formait un noyau d'auditeurs, le saint vieillard avait bien vite pris le chemin de la chaire, et il commençait aussitôt un sermon dont la longueur prévue faisait plus d'une fois fuir quelques auditeurs avertis. Le prédicateur n'en paraissait pas déconcerté et n'en prodiguait pas avec moins de libéralité la sainte semence à la terre docile qui restait pour la recevoir.

Dès longtemps ce défaut d'une âme d'apôtre, trop pleine de la vérité qui sauve et dont elle se considère redevable à tous, s'était révélé chez le P. Huguet. Il en avait été averti et ne s'en était jamais corrigé, malgré sa bonne volonté sincère et les moyens essayés pour poser des limites aux élans de son zèle : *Conceptum sermonem quis continere potest ?*

Du reste, ce n'était pas une abondance stérile que le P. Huguet portait en chaire. C'était de la piété et de la doctrine ; lorsqu'il exerçait les méritoires fonctions de surveillant et n'en sollicitait pas d'autres, il se préparait cependant par un travail silencieux à celles qui devaient lui échoir un jour. C'est alors qu'il lut, la plume à la main, et analysa avec étendue tous les sermons du P. Lejeune. Ce fut ensuite pour toute sa vie son arsenal, et, dans les nécessités de l'improvisation, une cité de refuge dont on peut bien dire : *Mille clypei pendent ex ea.*

Au surplus, durant le cours de son ministère et pendant son séjour à Mont-Roland, il écrivit toujours et toujours des sermons, qu'il ne cessa jusqu'aux derniers jours, pour être toujours prêt, de confier à sa mémoire. Aussi infatigable travailleur que zélé missionnaire, il se levait à trois heures et jamais on ne le surprit inoccupé... Il eût voulu prêcher aussi après sa mort et fournir du moins un secours aux ministres de la parole sainte. Si ses sermons ne sont jamais imprimés, ce n'est pas qu'ils ne soient dignes, à plus d'un égard, des saines et fortes traditions de la chaire chrétienne. Ce qui leur aura plutôt manqué, c'est l'actualité et l'originalité. Il faisait bien sans doute de ne pas chercher à être à la mode en composant pour la chaire ; il faisait bien encore de ne pas viser à l'originalité. Celle-ci est comme l'esprit : ce que l'on veut en avoir gâte ce que l'on a. Mais il faut être soi, avoir sa veine qui soit suffisamment abondante, si l'on veut passer à la postérité. L'éloquence de la chaire est un genre particulièrement riche, et le plus souvent, quand on croit bâtir à neuf sur ce vieux et noble sol, on remue simplement les pierres des monuments du passé.

Pendant les douze ans de ses plus grands travaux apostoliques, le P. Huguet va de retraites en missions : il donna aussi des stations importantes. Une, le carême de Genève, était restée pour lui un de ses meilleurs souvenirs ; son provincial d'alors, le R. P. Maillard, lui avait écrit : *Vous avez prêché un excellent carême à Genève.* Comme un vaillant soldat redit un mot de son capitaine, ainsi notre naïf et saint vieillard nous redisait encore cette phrase sur ses vieux jours. En 1850, Bordeaux fut un dernier grand théâtre, d'où son zèle d'apôtre régionnaire rayonna aussi dans les Landes. Mais Marie voulait à elle seule les vingt-cinq dernières années de son serviteur. Elle lui avait réservé à Mont-Roland tout à la fois un vestibule du ciel et un véritable purgatoire.

Qu'en est-il historiquement de l'antiquité de ce pèlerinage si cher à la Bourgogne transjurane ? Roland le Paladin y est-il jamais venu consacrer sa Durandal ? Le passage de saint Martin de Tours, avant Roland, est un souvenir moins légendaire. Le grand thaumaturge aurait consacré là un autel et établi des moines. Le R. P. Huguet ne souffrait pas qu'on mît en doute aucune des traditions glorieuses du pieux sanctuaire. Il ne gardait pas seulement les murs, mais encore, et avec un soin jaloux, les précieux souvenirs qui en font la gloire séculaire, en dépit de tant de ruines suivies de tant de relèvements, dont le dernier, œuvre des jésuites de Dôle et de la piété locale, se rattache aussi à jamais au nom béni du père Huguet.

Il avait découvert, dans un presbytère de campagne, un exemplaire imprimé d'une prière spéciale à N.-D. de Mont-Roland. Cette relique datait du xviie siècle et porte comme indication du lieu d'impression : *Besançon*. A la fin de ses exhortations le P. Huguet, tenant la prière encadrée entre ses mains, la récitait avec ses auditeurs ; à ces premiers mots : « *Vierge glorieuse, conçue sans péché, vous avez choisi depuis près de quatorze cents ans la montagne de Mont-Roland...* » il s'interrompait invariablement pour dire : « Ajoutez au moins deux cents ans. »

C'est en 1854 qu'il avait commencé à habiter constamment Mont-Roland, et il ne quitta plus ce lieu de ses prédilections : avec ce bonheur si apprécié concourt une douloureuse épreuve. Vers cette même époque, la Compagnie de Jésus en France avait pris de grands accroissements ; ses collèges venaient de se rouvrir, et ses noviciats, remarquablement nombreux, avaient mis à son service des forces jeunes et vives qu'il fallait développer par l'exercice. Les vétérans pouvaient dès lors goûter quelque repos ; celui du P. Huguet et sa retraite à Mont-Roland eût pu sembler une légitime récompense et un droit acquis. Mais de récompense, le jésuite n'en veut pas sur la terre, et s'il croit avoir un droit, c'est celui de travailler toujours et tant qu'il peut. Chez celui qui s'est usé à la peine, ce sentiment peut être accompagné d'illusion généreuse, qui ne porte guère sur les services rendus, mais souvent sur ceux que l'on croit pouvoir rendre encore.

Tel fut le cas du R. P. Huguet. Le prédicateur si goûté du carême de Genève fut étonné, à un moment donné, de ne plus être envoyé à de semblables missions ; il se crut oublié ; on dirait, dans le monde, disgracié. Doué d'une santé qui ne se ressentait en rien du déclin de l'âge, se sentant en possession de toutes ses facultés actives, il se plaignait de son repos, d'abord à Dieu, puis à son général, auquel il soumettait aussi un filial désir de rester jusqu'au bout à son poste de Mont-Roland. Le général de la Compagnie de Jésus consola comme son enfant le vieux soldat mis à la retraite ; il put défendre qu'on l'éloignât jamais du sanctuaire béni où se concentraient ses vieilles affections ; mais il ne put lever le sous-entendu d'une situation qu'avait faite la loi impitoyable de l'âge. Célestin continua donc à souffrir. Il eut cependant quelquefois la consolation de revenir à ses chères missions. C'était quand, sur la demande des populations qu'il avait autrefois évangélisées, il était encore appelé personnellement pour quelques exercices de retraites, d'adorations perpétuelles ou de jubilé ; il faisait du bien alors, non plus par la vigueur de sa parole, mais par la douce et persuasive onction d'un patriarche qui encourage, excite et bénit des enfants dont il connaît la confiance et l'amour. Dans ces moments, il se croyait revenu aux beaux temps d'autrefois, et ses forces lui semblaient toujours suffisantes. Il fut un jour, dans une paroisse qui conservera longtemps son souvenir, saisi en chaire d'un malaise subit et violent. Quand la crise fut passée, il voulait continuer les exercices; le Père Recteur de l'école libre de N.-D. de Mont-Roland, son supérieur, averti de l'accident, était accouru et lui conseillait de s'en tenir là. C'était un grand sacrifice. « Est-ce un conseil d'ami, demanda-t-il, ou une parole de mon supérieur que vous me faites entendre ? — C'est comme ami, mon père, que je vous parle, mais si c'était comme supérieur, je vous tiendrais le même langage. » L'homme d'obéissance avait compris le désir de son supérieur; immédiatement il recueillit ses petites notes, les mit dans sa valise ; il était prêt pour le départ; il rentra dans le long tourment de l'inaction.

Mais ses jours et ses heures de souffrances étaient comptés par la Vierge bénie, sans doute pour l'affranchir en tout ou en majeure partie des expiations qui sont par delà la tombe; puis Marie, comme elle le sait faire, donna à son serviteur le passage le plus doux à une meilleure vie.

Ce fut le 25 août dernier, fête de saint Louis, vigile, cette année, pour les religieux de la communauté de Dôle, du Saint Cœur de Marie.

A l'époque des vacances des jeunes religieux, le P. Huguet cédait la place à Mont-Roland et descendait à Dôle pour deux ou trois semaines. Ces vacances venaient de finir, et le custode de Mont-Roland était revenu reprendre son poste auprès du sanctuaire. Les deux jours précédents, le courageux vieillard avait confessé presque du matin au soir dans une communauté en retraite. On se demande si une congestion au cœur ne fut pas la suite de ce travail et la cause prochaine de sa mort. Quoi qu'il en soit, tout le jour il fut gai comme de coutume, ou plus encore; il parla de la mort joyeusement, ce qui ne lui était pas ordinaire; il entendit encore quelques confessions et dit à ses confrères : « *Ce sera un beau jour que cette fête du Saint Cœur de Marie.* » A un autre il avait donné, il y a longtemps, l'annonce positive qu'il mourrait la veille d'une fête de sa Mère : ce devait être la fête de son Cœur très pur. Il parla aussi de saint Louis et dit qu'il fallait le prier beaucoup pour la France. C'était un sujet et un thème sur lequel il revenait depuis quelque temps, et qui avait défrayé son dernier sermon le dimanche précédent.

Régulier comme toujours, il ne s'exempta ce jour-là d'aucun exercice de communauté : il demanda seulement d'être dispensé du souper, et alla passer le temps de ce repas devant le saint Sacrement. Une personne distinguée, qui était en adoration dans l'église en même temps que lui, le vit fléchir et presque tomber à plusieurs reprises sur le prie-Dieu où il était agenouillé. Elle vint donner l'alarme; on se rassura bientôt en voyant le P. Huguet venir prendre part à la récréation commune; on acheva de se rassurer presque entièrement quand on l'eut entendu répondre aux litanies des saints, prière du soir de la communauté, et cela jusqu'à la dernière invocation. Cependant, par prudence, quelques instants après que chacun se fut retiré dans sa chambre, un des Pères demeurés à Mont-Roland pour y prendre un peu de repos ou y faire leur retraite, alla visiter son vénérable confrère et lui demander comment il se trouvait, un moment avant l'heure du repos.

Quel ne fut pas son étonnement de recevoir cette réponse : « *Qu'on vienne me faire la recommandation de l'âme et qu'on se hâte, sans quoi l'on ne serait pas à temps.* » Ce n'était, hélas ! que trop vrai : l'absolution fut donnée au mourant ; on lui fit la recommandation de l'âme. Il ne put recevoir ni le saint viatique ni l'extrême-onction, mais il avait célébré le matin le saint sacrifice, et il s'endormit dans le sein de Dieu, sans avoir perdu un seul instant ses facultés, à l'heure où chaque soir il allait prendre son repos de règle.

Les pieux pèlerins de Mont-Roland de longtemps ne sépareront pas dans leur pensée la Reine et le serviteur. Maintenant ils ne trouvent plus le P. Huguet à sa place habituelle ; ils vont l'honorer sur sa tombe.

Le pèlerinage serait incomplet si, après avoir exposé leurs demandes à leur bonne Mère, ils n'allaient prier celui qui leur prêchait la confiance en Marie d'appuyer auprès d'elle leurs requêtes.

BESANÇON, IMPR. DE J. JACQUIN.

www.ingramcontent.com/pod-product-compliance
Lightning Source LLC
Chambersburg PA
CBHW070449080426
42451CB00025B/2022